The House on the River: Bilingual Italian-English Short Stories

Pomme Bilingual

Published by Pomme Bilingual, 2024.

While every precaution has been taken in the preparation of this book, the publisher assumes no responsibility for errors or omissions, or for damages resulting from the use of the information contained herein.

THE HOUSE ON THE RIVER: BILINGUAL ITALIAN-ENGLISH SHORT STORIES

First edition. November 17, 2024.

Copyright © 2024 Pomme Bilingual.

ISBN: 979-8230550389

Written by Pomme Bilingual.

Table of Contents

Sfumature di Lusso e Perdizione

Nelle colline ondulate di una regione senza nome, avvolta dal calore dorato del sole al tramonto, sorgeva Villa Belvedere. Riccardo e Maria, una coppia giovane e ricca, avevano trasformato quella dimora in un simbolo del lusso e dello sfarzo degli anni '20. Ogni fine settimana, la villa si riempiva di luci scintillanti, musica jazz, e una folla di ospiti provenienti da ogni angolo del paese.

Riccardo era un uomo affascinante e ambizioso, il cui sorriso elegante nascondeva un'insaziabile sete di successo. Maria, con i suoi occhi azzurri e i capelli neri come l'ebano, era la regina indiscussa di quelle serate. Indossava abiti lunghi di seta che riflettevano la luce delle lampade, e la sua risata melodiosa sembrava catturare l'attenzione di tutti. Insieme, erano la coppia perfetta, almeno in apparenza.

Ma dietro le porte chiuse della villa, si nascondeva una realtà ben diversa.

Era una calda serata estiva, e gli ospiti iniziavano ad arrivare con le loro auto scintillanti. Il profumo di rose e gelsomino riempiva l'aria, mentre i camerieri, vestiti di bianco, servivano champagne e antipasti raffinati. Un'orchestra suonava un'aria jazz che si mescolava al brusio delle conversazioni.

Maria si muoveva tra gli ospiti con grazia, scambiando sorrisi e battute leggere. Tuttavia, nel suo sguardo si celava un'ombra di malinconia. Riccardo, nel frattempo, era al centro di un gruppo di uomini d'affari, discutendo con entusiasmo di investimenti e opportunità.

"Riccardo," chiamò Maria con dolcezza, interrompendo la conversazione, "gli ospiti ti aspettano per il brindisi."

"Arrivo subito, cara," rispose lui, posando un bicchiere di whisky su un vassoio. Ma il tono della sua voce era freddo, distante.

Mentre la serata proseguiva, Maria si ritirò sulla terrazza per prendere una boccata d'aria fresca. Guardava le luci della festa riflettersi nel lago sottostante, quando sentì dei passi dietro di sé.

Era Luca, il giovane artista che Riccardo aveva invitato a esporre le sue opere nella villa. "Bella serata, non trova?" disse Luca, avvicinandosi con un sorriso gentile.

"Sì, ma a volte sembra un teatro, con tutti che recitano una parte," rispose Maria, con una sincerità che sorprese persino lei stessa.

Tra Maria e Luca nacque una conversazione intima e spontanea. Lui parlava della sua passione per l'arte, del desiderio di catturare la verità dietro le apparenze. Lei, per la prima volta in anni, si sentì ascoltata, vista.

Intanto, Riccardo, rimasto nella sala principale, si intratteneva con una donna elegante e misteriosa, Elena, che sembrava conoscere molto più di quanto dicesse. I loro sguardi complici e le risate basse non sfuggirono agli occhi attenti degli ospiti.

Con il passare delle settimane, la tensione tra Riccardo e Maria divenne palpabile. Lei si accorgeva delle assenze sempre più frequenti del marito, e lui notava i sorrisi che Maria riservava a Luca. L'illusione di una vita perfetta cominciava a sgretolarsi.

Una notte, durante una festa, la verità esplose. Maria, stanca delle bugie, affrontò Riccardo davanti a tutti gli ospiti. "Questa villa, queste feste, tutto questo… è una gabbia dorata. Non c'è più niente di vero!" gridò, con gli occhi lucidi.

Riccardo, sorpreso e umiliato, non rispose. La folla osservava in silenzio, il brusio della festa improvvisamente svanito. Maria lasciò la sala, mentre Luca la seguiva discretamente.

La mattina seguente, Villa Belvedere era silenziosa. I fiori appassiti decoravano ancora le sale, e i bicchieri vuoti raccontavano di una notte ormai finita. Maria, seduta nel giardino, guardava il sole sorgere. Sapeva che la sua vita non sarebbe più stata la stessa.

Riccardo la osservava dalla finestra, indeciso se raggiungerla. Ma il suo orgoglio lo trattenne, e si limitò a versarsi un altro bicchiere di whisky.

Maria si alzò, e con un respiro profondo, fece il primo passo verso un futuro sconosciuto.

Shades of Luxury and Perdition

In the rolling hills of an unnamed region, bathed in the golden warmth of the setting sun, stood Villa Belvedere. Riccardo and Maria, a young and wealthy couple, had transformed the estate into a symbol of the luxury and opulence of the 1920s. Every weekend, the villa was filled with sparkling lights, jazz music, and a crowd of guests from every corner of the country.

Riccardo was a charming and ambitious man, whose elegant smile concealed an insatiable thirst for success. Maria, with her blue eyes and ebony-black hair, was the undisputed queen of those soirées. She wore long silk dresses that reflected the light from the lamps, and her melodic laughter seemed to captivate everyone around her. Together, they were the perfect couple, or so it seemed.

But behind the closed doors of the villa, a very different reality lurked.

It was a warm summer evening, and the guests began arriving in their gleaming cars. The scent of roses and jasmine filled the air, while waiters dressed in white served champagne and exquisite appetizers. An orchestra played a jazzy tune, blending with the hum of conversations.

Maria moved gracefully among the guests, exchanging smiles and light banter. Yet, in her gaze, there was an underlying shadow of melancholy. Meanwhile, Riccardo stood at the center of a group of businessmen, enthusiastically discussing investments and opportunities.

"Riccardo," Maria called sweetly, interrupting the conversation, "the guests are waiting for the toast."

"I'll be right there, darling," he replied, placing a glass of whiskey on a tray. But the tone of his voice was cold, distant.

As the evening went on, Maria retreated to the terrace for some fresh air. She watched the lights of the party reflect on the lake below when she heard footsteps behind her.

It was Luca, the young artist Riccardo had invited to display his works at the villa. "Lovely evening, don't you think?" Luca said, approaching with a gentle smile.

"Yes, but sometimes it feels like a theater, with everyone playing a part," Maria replied, with a sincerity that even surprised herself.

An intimate and spontaneous conversation began between Maria and Luca. He spoke of his passion for art, his desire to capture the truth behind appearances. For the first time in years, Maria felt truly heard and seen.

Meanwhile, Riccardo, still in the main hall, was entertaining an elegant and mysterious woman, Elena, who seemed to know much more than she let on. Their knowing glances and quiet laughter did not go unnoticed by the keen eyes of the guests.

As the weeks passed, the tension between Riccardo and Maria became palpable. She noticed his increasing absences, and he noticed the smiles Maria reserved for Luca. The illusion of a perfect life began to crumble.

One night, during a party, the truth exploded. Maria, tired of the lies, confronted Riccardo in front of all the guests. "This villa, these parties, all of this... it's a gilded cage. There's nothing real anymore!" she cried, her eyes brimming with tears.

Riccardo, shocked and humiliated, said nothing. The crowd watched in silence, the hum of the party suddenly gone. Maria left the room, with Luca discreetly following her.

The following morning, Villa Belvedere was silent. The wilted flowers still decorated the rooms, and the empty glasses told the story of a night long since ended. Maria sat in the garden, watching the sun rise. She knew her life would never be the same.

Riccardo watched her from the window, unsure whether to join her. But his pride held him back, and he simply poured himself another glass of whiskey.

Maria stood up, and with a deep breath, took the first step toward an unknown future.

Versi Incompiuti

La città si estendeva come un labirinto antico, con vicoli stretti che sembravano non portare da nessuna parte e piazze nascoste avvolte nel silenzio. Le facciate dei palazzi, consumate dal tempo, portavano i segni di vite trascorse e dimenticate. Era una città senza nome, ma per Giorgio era tutto ciò che conosceva.

Un tempo, Giorgio era stato un poeta promettente. Le sue prime raccolte avevano attirato l'attenzione della critica, ma il successo era svanito in fretta. Ora, a quarant'anni, si aggirava per la città, un uomo perso, un'anima incompiuta come i versi che tentava ancora di scrivere.

Ogni mattina, Giorgio iniziava la sua giornata vagando senza meta. Con un taccuino sgualcito in tasca e una penna che usava raramente, si fermava nei caffè, nei parchi, o lungo le sponde del fiume. Osservava le persone, cercando ispirazione. Ma le parole non venivano più.

Un giorno, seduto su una panchina in una piazza deserta, fissò la statua di un condottiero dimenticato. Il bronzo era verde di ossidazione, come se il tempo avesse consumato anche il suo ricordo. "Come me," mormorò Giorgio, abbozzando un verso nel taccuino.

Il tempo si avvolge su se stesso, un serpente che non sa morire.

Non lo terminò. Non terminava mai niente.

Una sera, mentre camminava lungo un vicolo illuminato solo da un'antica lanterna, Giorgio si fermò davanti a una libreria. Nella vetrina, un'edizione ingiallita di Leopardi catturò la sua attenzione. Entrò, e fu accolto dal suono di una campanella e dal profumo di carta vecchia.

"Posso aiutarla?" Una voce femminile interruppe il suo silenzio interiore.

Era Livia, la proprietaria della libreria. Aveva capelli scuri raccolti in una treccia e occhi di un verde profondo, come il muschio su una pietra bagnata.

"Cercavo... non lo so. Forse qualcosa che possa svegliarmi," rispose Giorgio con un sorriso amaro.

"Ha mai letto I Fiori del Male di Baudelaire?" chiese Livia, porgendogli un volume.

"Anni fa," rispose lui, sfogliando distrattamente le pagine. "Ma ormai le parole non mi parlano più."

Livia lo osservò per un momento, come se potesse vedere oltre la sua stanchezza. "Forse sono le sue parole che vogliono essere ascoltate," disse infine.

Giorgio non rispose, ma quelle parole lo seguirono mentre lasciava la libreria, il libro stretto al petto.

Nei giorni successivi, Giorgio tornò spesso alla libreria. Parlavano a lungo di poesia, letteratura e della città stessa, che sembrava respirare attraverso i vicoli e le piazze. Livia aveva un modo di vedere il mondo che affascinava Giorgio: per lei, ogni dettaglio, ogni ombra, aveva un significato.

Una sera, mentre camminavano lungo il fiume, Livia gli chiese: "Perché hai smesso di scrivere?"

Giorgio sospirò. "Ho perso la voce. Le parole mi sembrano inutili, incapaci di catturare ciò che provo."

"E se fosse proprio il fallimento a essere la tua ispirazione?"

La domanda rimase sospesa nell'aria, come un'eco.

Una notte, durante una delle sue solitarie passeggiate, Giorgio si trovò davanti a una chiesa abbandonata. Decise di entrare. All'interno, il soffitto era crollato in parte, e la luna illuminava un mosaico consumato sul pavimento.

Si sedette su una panca e aprì il taccuino. Per la prima volta in anni, le parole fluirono. Scrisse della città, del tempo che consuma tutto, ma anche della bellezza che si nasconde nelle crepe, negli errori, nel fallimento.

Scrisse fino all'alba, quando il primo raggio di sole entrò attraverso una finestra rotta.

Quando Giorgio tornò alla libreria, trovò Livia che sistemava i libri sugli scaffali. "Livia," disse, porgendole il taccuino.

Lei lesse in silenzio, poi alzò lo sguardo e sorrise. "Questa è la tua voce."

Giorgio annuì. Per la prima volta, sentiva che qualcosa dentro di lui si era risvegliato.

Unfinished Verses

The city stretched out like an ancient labyrinth, with narrow alleys that seemed to lead nowhere and hidden squares wrapped in silence. The facades of the buildings, worn by time, bore the marks of lives that had been lived and forgotten. It was a nameless city, but for Giorgio, it was all he knew.

Once, Giorgio had been a promising poet. His early collections had attracted the attention of critics, but the success faded quickly. Now, at forty, he wandered the city, a lost man, an unfinished soul, much like the verses he still tried to write.

Every morning, Giorgio started his day aimlessly wandering. With a tattered notebook in his pocket and a pen he rarely used, he stopped in cafés, parks, or along the riverbanks. He observed people, searching for inspiration. But the words no longer came.

One day, sitting on a bench in a deserted square, he gazed at the statue of a forgotten conqueror. The bronze had turned green with oxidation, as if time had eaten away at its very memory. "Just like me," muttered Giorgio, sketching a verse in his notebook.

Time winds upon itself, a serpent that cannot die.

He never finished it. He never finished anything.

One evening, while walking along an alley lit only by an old lantern, Giorgio stopped in front of a bookstore. In the window, a yellowed edition of Leopardi caught his eye. He entered, greeted by the sound of a bell and the scent of old paper.

"Can I help you?" A female voice interrupted his inner silence.

It was Livia, the owner of the bookstore. She had dark hair pulled back into a braid and eyes a deep green, like moss on a wet stone.

"I was looking for... I don't know. Maybe something that can wake me up," Giorgio replied with a bitter smile.

"Have you ever read The Flowers of Evil by Baudelaire?" asked Livia, handing him a volume.

"Years ago," he replied, flipping through the pages absentmindedly. "But the words don't speak to me anymore."

Livia watched him for a moment, as if she could see beyond his weariness. "Maybe it's your words that want to be heard," she finally said.

Giorgio didn't respond, but those words followed him as he left the bookstore, the book pressed to his chest.

In the days that followed, Giorgio returned often to the bookstore. They talked at length about poetry, literature, and the city itself, which seemed to breathe through its alleys and squares. Livia had a way of seeing the world that fascinated Giorgio: to her, every detail, every shadow, had meaning.

One evening, while walking along the river, Livia asked him, "Why did you stop writing?"

Giorgio sighed. "I lost my voice. Words seem useless, incapable of capturing what I feel."

"What if it's failure itself that is your inspiration?"

The question lingered in the air like an echo.

One night, during one of his solitary walks, Giorgio found himself in front of an abandoned church. He decided to enter. Inside, the ceiling had partially collapsed, and the moonlight illuminated a worn mosaic on the floor.

He sat on a bench and opened his notebook. For the first time in years, the words flowed. He wrote about the city, about time that consumes everything, but also about the beauty hidden in the cracks, in the mistakes, in failure.

He wrote until dawn, when the first ray of sunlight entered through a broken window.

When Giorgio returned to the bookstore, he found Livia arranging books on the shelves. "Livia," he said, handing her the notebook.

She read silently, then looked up and smiled. "This is your voice."

Giorgio nodded. For the first time, he felt something inside him had awakened.

L'Osteria delle Piccole Verità

Nascosta in un angolo tranquillo di una cittadina senza nome, affacciata su un lago sereno che rifletteva il cielo in tutte le sue sfumature, si trovava l'Osteria delle Piccole Verità. Era un luogo accogliente, con tavoli di legno scuro, tovaglie a quadretti rossi e bianchi, e un camino che in inverno diffondeva un calore piacevole.

L'osteria era gestita da Rosa, una donna di mezza età con un sorriso gentile e occhi che sembravano sempre vedere più a fondo di quanto mostrasse il momento. Aveva ereditato il locale dai genitori e lo aveva trasformato in un rifugio per chiunque cercasse buon cibo, una parola di conforto o semplicemente un posto dove sentirsi a casa.

Era un pomeriggio di primavera, e l'osteria si riempiva lentamente. I clienti arrivavano uno alla volta, come personaggi di un racconto, ognuno con la propria storia.

Al primo tavolo, vicino alla finestra che dava sul lago, sedeva Marco, il pescatore. Era un uomo silenzioso, che parlava solo quando necessario, ma i suoi occhi trasmettevano una saggezza antica. Rosa gli portò il solito bicchiere di vino rosso e gli chiese: "Com'è andata oggi, Marco?"

"Pochi pesci, ma un'alba spettacolare," rispose lui con un mezzo sorriso.

Poco dopo entrò Clara, l'insegnante di scuola elementare, con un mazzo di fiori di campo in mano. Li posò sul bancone. "Per te, Rosa. Sono sbocciati stamattina nel prato dietro casa mia," disse.

"Che meraviglia, Clara! Grazie," rispose Rosa, mettendoli in un vaso vicino al registratore di cassa.

A un tavolo nell'angolo, un uomo che nessuno aveva mai visto prima si sedeva con un'aria pensierosa. Era alto, con capelli grigi e un abbigliamento semplice. Quando Rosa gli si avvicinò per prendere l'ordinazione, lui disse: "Un caffè, grazie. E magari qualcosa di dolce."

Rosa notò che aveva un piccolo taccuino sul tavolo. "Scrive?" chiese, incuriosita.

"Sì, o almeno ci provo. Sto cercando ispirazione," rispose lui con un sorriso timido.

Clara, che aveva ascoltato, si avvicinò. "Anche io scrivo a volte. Piccoli racconti per i miei alunni. Magari possiamo scambiarci qualche idea."

E così iniziò una conversazione tra i due, che presto attirò l'attenzione degli altri clienti.

Come spesso accadeva all'Osteria, la conversazione si trasformò in un momento di condivisione collettiva. Marco raccontò di come, una mattina, avesse salvato un'anatra intrappolata in una rete. Clara parlò del suo sogno di scrivere un libro illustrato. Rosa condivise un ricordo d'infanzia: suo padre che le insegnava a cucinare la zuppa di fagioli che ancora oggi era il piatto più richiesto del locale.

L'uomo misterioso, che si presentò come Antonio, ascoltava attentamente, prendendo qualche appunto. Poi, con esitazione, disse: "Io scrivo di persone. Di come, nelle loro storie quotidiane, si nascondano lezioni che valgono più di mille discorsi."

Rosa sorrise. "Allora sei nel posto giusto, Antonio. Qui ogni giorno è pieno di piccole verità."

Quando il sole cominciò a tramontare, tingendo il lago di arancione e rosa, i clienti iniziarono a congedarsi. Marco promise di portare il pesce fresco la prossima volta, Clara lasciò un biglietto con il suo numero per Antonio, e Rosa salutò tutti con il suo solito calore.

Antonio rimase l'ultimo, finendo di scrivere nel suo taccuino. Prima di andarsene, si avvicinò a Rosa e le disse: "Grazie per l'ospitalità. Credo di aver trovato l'ispirazione che cercavo."

Rosa gli rispose con un sorriso che sembrava contenere tutto il mondo. "Torna quando vuoi, Antonio. Qui c'è sempre posto per chi ha una storia da raccontare."

L'Osteria delle Piccole Verità non era solo un luogo dove mangiare o bere. Era un microcosmo, un rifugio dove le persone si scoprivano, si ascoltavano e, a volte, trovavano qualcosa di più prezioso: una connessione, una lezione, un momento di autentica umanità.

E Rosa, con il suo cuore aperto e il suo sorriso discreto, ne era l'anima.

The Tavern of Small Truths

Hidden in a quiet corner of a nameless town, overlooking a serene lake that reflected the sky in all its shades, stood the Tavern of Small Truths. It was a welcoming place, with dark wooden tables, red-and-white checkered tablecloths, and a fireplace that spread a pleasant warmth during the winter.

The tavern was run by Rosa, a middle-aged woman with a kind smile and eyes that always seemed to see deeper than the moment revealed. She had inherited the place from her parents and had transformed it into a refuge for anyone seeking good food, a comforting word, or simply a place to feel at home.

It was a spring afternoon, and the tavern was slowly filling up. Customers came one by one, like characters from a story, each with their own tale.

At the first table, by the window that overlooked the lake, sat Marco, the fisherman. He was a quiet man, who spoke only when necessary, but his eyes carried an ancient wisdom. Rosa brought him his usual glass of red wine and asked, "How was today, Marco?"

"Few fish, but a spectacular sunrise," he replied with a half-smile.

Soon after, Clara, the elementary school teacher, entered with a bunch of wildflowers in her hand. She placed them on the counter. "For you, Rosa. They bloomed this morning in the meadow behind my house," she said.

"How wonderful, Clara! Thank you," Rosa responded, putting the flowers in a vase next to the cash register.

At a table in the corner, a man who no one had ever seen before sat with a thoughtful expression. He was tall, with graying hair, dressed simply.

When Rosa approached to take his order, he said, "A coffee, please. And maybe something sweet."

Rosa noticed he had a small notebook on the table. "Do you write?" she asked, curious.

"Yes, or at least I try. I'm looking for inspiration," he replied with a shy smile.

Clara, having overheard, came over. "I write sometimes too. Little stories for my students. Maybe we can exchange some ideas."

And so, a conversation began between the two, which soon attracted the attention of the other customers.

As often happened at the Tavern, the conversation turned into a moment of collective sharing. Marco told a story about how, one morning, he had saved a duck trapped in a net. Clara spoke of her dream to write an illustrated book. Rosa shared a childhood memory: her father teaching her to cook the bean soup, which was still the most requested dish at the tavern today.

The mysterious man, who introduced himself as Antonio, listened carefully, taking a few notes. Then, hesitantly, he said, "I write about people. About how, in their everyday stories, lessons are hidden that are worth more than a thousand speeches."

Rosa smiled. "Then you're in the right place, Antonio. Every day here is full of small truths."

As the sun began to set, tinting the lake with orange and pink hues, the customers started to leave. Marco promised to bring fresh fish next time, Clara left a note with her number for Antonio, and Rosa said goodbye to everyone with her usual warmth.

Antonio was the last to remain, finishing his writing in his notebook. Before leaving, he approached Rosa and said, "Thank you for the hospitality. I believe I've found the inspiration I was looking for."

Rosa replied with a smile that seemed to hold the whole world. "Come back whenever you want, Antonio. There's always a place here for those who have a story to tell."

The Tavern of Small Truths was not just a place to eat or drink. It was a microcosm, a refuge where people discovered themselves, listened to each other, and sometimes found something more precious: a connection, a lesson, a moment of true humanity.

And Rosa, with her open heart and quiet smile, was its soul.

Il Giardino Sussurrante

La luce del pomeriggio filtrava tra i rami intricati, disegnando ombre tremolanti sul terreno ricoperto di foglie. Il giardino era un regno selvaggio, abbandonato al tempo e alla natura. Beatrice, avvolta in uno scialle leggero, camminava lentamente, i piedi affondando nel tappeto morbido di muschio e petali caduti.

Era sempre stata qui, eppure ogni volta che percorreva i sentieri del giardino, si sentiva straniera e padrona al tempo stesso.

La villa dietro di lei, con i suoi muri sbiaditi e le finestre vuote, osservava in silenzio, come un testimone muto della sua vita. Beatrice si fermò accanto a una fontana incrinata, ormai soffocata dall'edera. L'acqua non scorreva più, ma il vento sembrava portare con sé un'eco lontana, come un sussurro.

"Qui siamo sempre stati felici, vero?" si disse, ma non era sicura se quella fosse una domanda o un ricordo.

Ogni angolo del giardino sembrava contenere una storia. Accanto al vecchio cipresso, si ricordava di quando Pietro le aveva chiesto di sposarlo. "Sotto quest'albero saremo per sempre uniti," le aveva detto con voce tremante, stringendole la mano.

Ma il tempo aveva smentito quelle promesse. Pietro era andato via, portato dalla guerra, e non era mai più tornato. Beatrice si chinò a raccogliere un ramo spezzato. Lo tenne tra le mani, sentendo il peso simbolico di ciò che era stato rotto e mai più riparato.

Proseguì lungo il sentiero che portava al pergolato, dove i fiori di glicine avvolgevano la struttura con le loro cascate viola. Lì ricordò il sorriso di

Sofia, la sua unica figlia. Sofia era stata la sua gioia e il suo tormento, un'anima libera che Beatrice non aveva mai saputo trattenere.

"Non puoi tenere un uccello in gabbia, mamma," le aveva detto un giorno, poco prima di partire per un mondo lontano. Sofia non era mai tornata, ma Beatrice non l'aveva mai dimenticata. I fiori del glicine sembravano piegarsi verso di lei, come a confortarla.

Mentre camminava, le voci del passato si mescolavano con i suoni del presente: il fruscio delle foglie, il canto distante di un usignolo. Era difficile distinguere il confine tra ciò che era stato e ciò che era ora.

Beatrice si fermò davanti a uno stagno coperto di ninfee. Una rana saltò improvvisamente in acqua, rompendo la superficie liscia e perfetta. "Così è la memoria," pensò. "Una quiete che viene disturbata da un'onda improvvisa."

Mentre si avvicinava alla parte più remota del giardino, vide un uomo anziano chinato su un cespuglio di rose selvatiche. Non lo riconosceva, ma non era sorpresa dalla sua presenza.

"Sta cercando qualcosa?" gli chiese con voce calma.

L'uomo si girò e sorrise. "No, signora. Mi sembra solo che questo giardino voglia raccontarmi una storia."

Beatrice sorrise a sua volta. "Le storie qui non mancano," rispose, e i due restarono in silenzio per un momento, condividendo il mistero di quel luogo.

Tornando verso la villa, Beatrice si rese conto che il giardino non era solo un rifugio, ma un luogo vivo, che respirava con lei, che conservava ciò che lei stessa non poteva più trattenere. Le sue memorie, frammentarie e incomplete, non erano mai state veramente perse: erano radicate nella terra, nei fiori, nelle pietre.

Si fermò sulla soglia della villa e si voltò indietro. Il giardino la osservava, sussurrando tra le foglie e i rami mossi dal vento. Forse non era mai stata sola.

"Domani," pensò. "Domani tornerò a camminare qui. Il giardino mi aspetterà."

E con quel pensiero, si ritirò nella villa, mentre il sole tramontava e il giardino si immergeva nella penombra, avvolgendo i suoi segreti nel silenzio della notte.

The Whispering Garden

The afternoon light filtered through the tangled branches, casting trembling shadows on the ground covered with leaves. The garden was a wild realm, abandoned to time and nature. Beatrice, wrapped in a light shawl, walked slowly, her feet sinking into the soft carpet of moss and fallen petals.

She had always been here, yet every time she walked the paths of the garden, she felt both a stranger and its mistress at the same time.

The villa behind her, with its faded walls and empty windows, silently watched, like a mute witness to her life. Beatrice stopped next to a cracked fountain, now choked by ivy. The water no longer flowed, but the wind seemed to carry a distant echo, like a whisper.

"We were always happy here, weren't we?" she said to herself, unsure if it was a question or a memory.

Every corner of the garden seemed to contain a story. Next to the old cypress tree, she remembered when Pietro had asked her to marry him. "Under this tree, we will be forever united," he had said, his voice trembling as he held her hand.

But time had disproven those promises. Pietro had gone away, taken by the war, and never returned. Beatrice bent to pick up a broken branch. She held it in her hands, feeling the symbolic weight of what had been broken and never repaired.

She continued along the path that led to the pergola, where wisteria flowers wrapped around the structure in cascading purple. There, she remembered the smile of Sofia, her only daughter. Sofia had been her joy and her torment, a free spirit that Beatrice had never been able to hold onto.

"You can't keep a bird in a cage, Mom," she had told her one day, just before leaving for a distant world. Sofia had never returned, but Beatrice had never forgotten her. The wisteria flowers seemed to lean toward her, as if to comfort her.

As she walked, the voices of the past mingled with the sounds of the present: the rustling of leaves, the distant song of a nightingale. It was hard to distinguish the boundary between what had been and what was now.

Beatrice stopped in front of a pond covered in water lilies. A frog suddenly jumped into the water, breaking the smooth, perfect surface. "That's how memory is," she thought. "A stillness disturbed by a sudden wave."

As she approached the most remote part of the garden, she saw an elderly man crouching beside a bush of wild roses. She didn't recognize him, but she wasn't surprised by his presence.

"Are you looking for something?" she asked him calmly.

The man turned and smiled. "No, madam. It just seems like this garden wants to tell me a story."

Beatrice smiled in return. "There are no shortage of stories here," she replied, and the two stood in silence for a moment, sharing the mystery of the place.

On her way back to the villa, Beatrice realized that the garden was not just a refuge, but a living place, one that breathed with her, preserving what she could no longer hold onto. Her memories, fragmented and incomplete, had never truly been lost: they were rooted in the earth, the flowers, the stones.

She stopped on the threshold of the villa and turned back. The garden watched her, whispering through the leaves and branches moved by the wind. Perhaps she had never truly been alone.

"Tomorrow," she thought. "Tomorrow, I will return to walk here. The garden will be waiting for me."

And with that thought, she retreated into the villa as the sun set, and the garden sank into twilight, wrapping its secrets in the silence of the night.

La Sonata delle Ombre

Il sole del primo mattino si riversava sui tetti della prestigiosa Accademia Musicale Armonia, dipingendo le sue antiche pareti di sfumature dorate. Dentro, i corridoi erano già pieni di note vaganti, suoni di strumenti che si intrecciavano come un'orchestra improvvisata. Marco ed Elena, fratello e sorella, attraversavano quei corridoi con passi decisi, ognuno con un obiettivo preciso.

Marco, il più giovane, era un violinista prodigio. Con la sua tecnica impeccabile e il suo carisma naturale, aveva già conquistato l'attenzione di maestri e critici. Elena, due anni più grande, eccelleva al pianoforte. La sua musica era un rifugio per l'anima, piena di emozioni che rapivano chiunque l'ascoltasse.

Ma sotto la superficie della loro collaborazione artistica si nascondeva una rivalità crescente. Ogni applauso ricevuto da uno sembrava togliere qualcosa all'altro.

"Hai sentito?" disse Marco, sistemando lo spartito sul leggio. "Il Maestro vuole che io suoni la sonata di chiusura al concerto di fine anno."

Elena sollevò lo sguardo dal pianoforte, con un sorriso forzato. "Che fortuna," rispose. "Ma non dimenticare che il tuo violino ha bisogno del mio accompagnamento."

Le parole erano gentili, ma l'aria tra loro si fece più densa.

Un giorno, mentre rovistavano nella biblioteca dell'accademia, alla ricerca di spartiti rari, Elena trovò una lettera nascosta in un libro di musica antica. Era indirizzata al loro padre, un uomo che avevano sempre considerato distante, ma irreprensibile.

Con mani tremanti, Elena lesse la lettera. Parlava di un figlio che il padre aveva avuto da un'altra donna, anni prima del suo matrimonio con la loro madre.

"Marco, guarda questo," disse Elena, porgendogli la lettera.

Marco lesse in silenzio, la sua espressione passando dal disorientamento alla rabbia. "Non è possibile," mormorò. "Chi era quest'uomo? E cosa siamo noi per lui?"

La scoperta li sconvolse. Marco iniziò a dedicarsi alla musica con una furia quasi ossessiva, come se cercasse di dimostrare qualcosa non solo a se stesso, ma anche al padre che non era più lì per ascoltarlo.

Elena, invece, si chiuse in un silenzio profondo. Le sue esibizioni persero la loro magia, come se la musica non riuscisse più a raggiungerla.

Le prove congiunte per il concerto finale divennero un campo di battaglia. "Se non riesci a suonare con passione, non venire affatto," le disse Marco una sera, mentre si alzava furioso dal suo posto.

"Forse non ho più voglia di suonare con te," replicò Elena, la voce spezzata.

Il giorno del concerto arrivò. La grande sala era gremita, e l'aria era carica di aspettative. Marco era pronto a salire sul palco, ma il suo cuore era in tumulto. Elena non si era presentata per le prove finali, e lui non sapeva se sarebbe venuta.

Quando l'annuncio del Maestro risuonò nella sala, un lieve mormorio si diffuse tra il pubblico: Elena era lì. Con passo sicuro, si avvicinò al pianoforte, evitando lo sguardo del fratello.

Le prime note della sonata riempirono l'aria. Era una composizione complessa, piena di ombre e luci, un dialogo continuo tra il violino e il pianoforte. Mentre suonavano, qualcosa cambiò. Le note li riportarono indietro, ai giorni in cui erano solo due bambini che giocavano con i suoni, senza rivalità, senza segreti.

Alla fine, il silenzio fu rotto da un'ovazione. Marco si voltò verso Elena, i suoi occhi pieni di gratitudine. "Grazie," mormorò.

Dopo il concerto, tornarono insieme nella loro stanza, portando con sé una nuova consapevolezza. Il segreto del padre non era più un peso, ma una parte di una storia più grande. E la loro musica, fatta di tensioni e armonie, avrebbe sempre raccontato quella storia.

Nella quiete della notte, Marco prese il suo violino e iniziò a suonare una melodia semplice. Elena si unì al pianoforte. Non c'era bisogno di parole: la musica era sufficiente per ricucire ciò che si era spezzato.

The Sonata of Shadows

The first morning light spilled over the rooftops of the prestigious Harmony Music Academy, painting its ancient walls in golden hues. Inside, the corridors were already filled with drifting notes, the sounds of instruments intertwining like an impromptu orchestra. Marco and Elena, brother and sister, walked through those hallways with determined steps, each with a specific goal in mind.

Marco, the younger of the two, was a prodigy violinist. With his flawless technique and natural charisma, he had already captured the attention of both masters and critics. Elena, two years older, excelled at the piano. Her music was a refuge for the soul, full of emotions that captivated anyone who listened.

Yet beneath the surface of their artistic collaboration, there was an increasing rivalry. Every applause given to one seemed to take something away from the other.

"Did you hear?" Marco said, adjusting the sheet music on the stand. "The Maestro wants me to play the closing sonata at the year-end concert."

Elena looked up from the piano, offering a forced smile. "How lucky," she replied. "But don't forget that your violin needs my accompaniment."

The words were polite, but the air between them grew thicker.

One day, while rummaging through the academy's library in search of rare sheet music, Elena found a letter hidden in an old music book. It was addressed to their father, a man they had always regarded as distant, yet beyond reproach.

With trembling hands, Elena read the letter. It spoke of a son their father had had with another woman, years before marrying their mother.

"Marco, look at this," Elena said, handing him the letter.

Marco read it in silence, his expression shifting from confusion to anger. "It can't be," he murmured. "Who was this man? And what are we to him?"

The discovery shook them both. Marco began to throw himself into music with an obsessive fury, as if trying to prove something not only to himself but also to the father who was no longer there to listen.

Elena, on the other hand, fell into a deep silence. Her performances lost their magic, as if the music could no longer reach her.

The joint rehearsals for the final concert turned into a battleground. "If you can't play with passion, then don't bother showing up," Marco told her one evening, rising angrily from his seat.

"Maybe I don't want to play with you anymore," Elena replied, her voice breaking.

The day of the concert arrived. The grand hall was packed, the air thick with expectation. Marco was ready to take the stage, but his heart was in turmoil. Elena hadn't shown up for the final rehearsals, and he didn't know if she would even come.

When the Maestro's announcement echoed through the hall, a soft murmur spread among the audience: Elena was there. With steady steps, she walked toward the piano, avoiding her brother's gaze.

The first notes of the sonata filled the air. It was a complex composition, full of shadows and light, a continuous dialogue between the violin and the piano. As they played, something shifted. The notes took them back to the days when they were just two children playing with sound, without rivalry, without secrets.

In the end, the silence was broken by a standing ovation. Marco turned toward Elena, his eyes full of gratitude. "Thank you," he whispered.

After the concert, they returned together to their room, carrying with them a new understanding. Their father's secret was no longer a burden, but part of a larger story. And their music, made of tensions and harmonies, would always tell that story.

In the quiet of the night, Marco took up his violin and began to play a simple melody. Elena joined him at the piano. There was no need for words: the music was enough to mend what had been broken.

La Locanda di Bianca

La locanda di Bianca si trovava alla fine di una strada polverosa, affacciata sul mare. Era un edificio semplice ma accogliente, con le pareti di pietra chiara e fiori rampicanti che incorniciavano le finestre. I pescatori del villaggio, stanchi dopo lunghe giornate in mare, si fermavano spesso lì per un pasto caldo e un bicchiere di vino.

Bianca gestiva tutto da sola. Con le sue mani callose e un sorriso che sapeva riscaldare anche i cuori più induriti, era diventata una figura materna per molti nel villaggio. Ma dietro quel sorriso c'era una donna che conosceva bene il dolore e la perdita.

Una sera, mentre il sole scendeva oltre l'orizzonte, qualcuno bussò alla porta della locanda. Bianca aprì e trovò una ragazza sulla soglia. Indossava abiti logori e teneva stretto un piccolo sacco. I suoi occhi, grandi e spaventati, cercavano qualcosa, o forse qualcuno.

"Posso entrare?" chiese la ragazza, con una voce tremante.

Bianca fece un cenno e la invitò dentro. "Come ti chiami?"

"Giulia," rispose. Non disse altro, e Bianca non fece domande. Prese un piatto di minestra calda e lo mise davanti a lei.

Nei giorni che seguirono, Giulia rimase nella locanda. Aiutava Bianca con i lavori: puliva le stanze, lavava i piatti e serviva ai tavoli. Non parlava molto, ma il suo silenzio raccontava una storia che Bianca conosceva fin troppo bene.

Una notte, mentre stavano sedute accanto al camino, Giulia si decise a parlare. "Sono scappata," disse, fissando le fiamme. "Da casa. Da... lui."

Bianca non chiese chi fosse "lui". Non serviva. Si limitò ad appoggiare una mano sulle spalle della ragazza e disse: "Qui sei al sicuro."

Con il passare delle settimane, Giulia iniziò a cambiare. Il pallore sul suo viso lasciò il posto a un leggero rossore, e i suoi occhi, prima spenti, brillavano di una nuova luce. Bianca le insegnò a cucinare, a trattare con i clienti e persino a prendersi cura del piccolo giardino dietro la locanda.

"Hai un dono con le piante," le disse un giorno. "Hanno bisogno di cure, proprio come noi."

Giulia sorrise timidamente. Era il primo vero sorriso che Bianca le vedeva fare.

Un pomeriggio, mentre Giulia stava servendo ai tavoli, un uomo entrò nella locanda. Era alto e robusto, con un'espressione dura che fece gelare l'aria nella stanza.

Giulia lo vide e lasciò cadere il vassoio. Bianca capì immediatamente chi fosse. Senza esitazione, si avvicinò all'uomo. "Non sei il benvenuto qui," disse con una fermezza che non lasciava spazio a repliche.

L'uomo la guardò, sorpreso dalla sua audacia, ma poi fece un passo indietro. "Lei mi appartiene," ringhiò, indicando Giulia.

"Qui non appartiene a nessuno se non a se stessa," rispose Bianca, fissandolo negli occhi.

L'uomo se ne andò, borbottando, ma non tornò più.

Quella sera, Giulia si sedette accanto a Bianca. "Come hai fatto?" chiese. "A non avere paura?"

Bianca sorrise tristemente. "La paura non se ne va mai. Ma si può imparare a non lasciare che ci controlli."

Con il tempo, Giulia trovò la forza di affrontare il suo passato e di sognare un futuro diverso. Decise di restare alla locanda e di aiutare Bianca a gestirla.

"Questo posto," disse un giorno, guardando il mare, "mi ha dato qualcosa che non avevo mai avuto: una casa."

Bianca, con le mani immerse nella farina mentre impastava il pane, annuì. "E tu hai dato a me qualcosa che non sapevo di volere: una famiglia."

La locanda divenne un rifugio non solo per i pescatori, ma anche per chi, come Giulia, cercava un nuovo inizio. E Bianca, con il suo cuore generoso e la sua forza silenziosa, continuò a essere la roccia su cui tanti trovavano sostegno.

Bianca's Inn

Bianca's inn was located at the end of a dusty road, overlooking the sea. It was a simple yet welcoming building, with pale stone walls and climbing flowers framing the windows. The village fishermen, tired after long days at sea, often stopped there for a warm meal and a glass of wine.

Bianca ran the inn by herself. With her calloused hands and a smile that could warm even the coldest hearts, she had become a maternal figure for many in the village. But behind that smile was a woman who knew well the pain and loss of life.

One evening, as the sun dipped below the horizon, someone knocked on the inn's door. Bianca opened it to find a girl standing on the threshold. She was wearing tattered clothes and clutched a small sack tightly. Her large, frightened eyes were searching for something, or perhaps someone.

"May I come in?" the girl asked in a trembling voice.

Bianca nodded and invited her inside. "What's your name?"

"Giulia," she replied. She didn't say anything else, and Bianca didn't ask. She simply took a bowl of warm soup and placed it in front of her.

In the days that followed, Giulia stayed at the inn. She helped Bianca with the chores: cleaning the rooms, washing the dishes, and serving at the tables. She didn't speak much, but her silence told a story that Bianca knew all too well.

One night, while they sat by the fire, Giulia finally spoke. "I ran away," she said, staring at the flames. "From home. From... him."

Bianca didn't ask who "he" was. It didn't matter. She simply placed a hand on the girl's shoulder and said, "You're safe here."

As the weeks passed, Giulia began to change. The pallor on her face gave way to a faint blush, and her eyes, once dull, now sparkled with a new light. Bianca taught her how to cook, how to deal with the customers, and even how to care for the small garden behind the inn.

"You have a gift with plants," Bianca told her one day. "They need care, just like us."

Giulia smiled shyly. It was the first real smile Bianca had seen from her.

One afternoon, while Giulia was serving at the tables, a man entered the inn. He was tall and broad, with a harsh expression that made the air in the room freeze.

Giulia saw him and dropped the tray. Bianca immediately understood who he was. Without hesitation, she walked up to the man. "You're not welcome here," she said with a firmness that brooked no argument.

The man stared at her, surprised by her audacity, but then took a step back. "She belongs to me," he growled, pointing at Giulia.

"Here, she belongs to no one but herself," Bianca replied, locking eyes with him.

The man muttered angrily and left, never to return.

That evening, Giulia sat beside Bianca. "How did you do it?" she asked. "How did you not fear him?"

Bianca smiled sadly. "Fear never really goes away. But you can learn not to let it control you."

Over time, Giulia found the strength to face her past and dream of a different future. She decided to stay at the inn and help Bianca manage it.

"This place," she said one day, looking out at the sea, "has given me something I've never had: a home."

Bianca, with her hands buried in flour as she kneaded bread, nodded. "And you've given me something I didn't know I wanted: a family."

The inn became a refuge not just for the fishermen, but for those like Giulia who were seeking a new beginning. And Bianca, with her generous heart and quiet strength, continued to be the rock on which many found support.

La Casa sul Fiume

Quando Lucrezia ricevette la lettera del notaio, rimase perplessa. Non aveva mai conosciuto bene i suoi parenti lontani, eppure ora si trovava erede di una casa antica, isolata lungo un fiume di cui aveva solo vaghi ricordi. La lettera diceva poco: un lascito, un'eredità che le apparteneva per diritto di sangue.

Spinta dalla curiosità e da un senso di dovere, Lucrezia si mise in viaggio verso quella casa dimenticata, con una valigia piena di abiti e il cuore pieno di domande.

La casa apparve attraverso la nebbia come un miraggio. Era imponente, con muri di pietra scura coperti di edera e finestre alte che sembravano occhi stanchi. Il fiume scorreva lento accanto alla proprietà, il suo gorgoglio riecheggiava come un sussurro antico.

Quando Lucrezia aprì la porta principale, il profumo di legno vecchio e polvere la investì. L'interno era un labirinto di stanze buie, corridoi stretti e mobili riccamente decorati. Ogni oggetto sembrava portare il peso di storie non raccontate.

Nella biblioteca, trovò un diario con la copertina di cuoio, il nome "Adele" inciso in lettere d'oro. Adele, scoprì, era una sua antenata vissuta lì molti anni prima.

Lucrezia trascorse le giornate a leggere il diario, le sue parole vive e vibranti come se fossero state scritte ieri. Adele descriveva la casa come un luogo di rifugio, ma anche di prigionia. Parlava di un amore proibito con un uomo che il suo rango sociale le impediva di sposare.

Una sera, mentre leggeva accanto al camino, Lucrezia sentì un rumore: un leggero cigolio proveniente dal corridoio. Seguì il suono e scoprì una porta segreta dietro una libreria. Dietro di essa, una scala conduceva a una stanza nascosta.

La stanza era piccola, con pareti di legno grezzo e una finestra che dava direttamente sul fiume. Su un tavolo polveroso c'erano lettere e schizzi di un volto maschile. Era l'amante di Adele.

Man mano che scavava nel passato, Lucrezia scoprì che Adele non era l'unica a custodire segreti. La casa aveva visto generazioni di amori, tradimenti e perdite. Una notte, rovistando in un baule, trovò una collana con un medaglione. Dentro c'era un ritratto di un bambino e, sul retro, l'incisione: "Per il nostro figlio perduto."

Le parole la colpirono come un pugno. Chi era quel bambino? Perché era stato dimenticato? Lucrezia cercò indizi nel diario, ma le pagine riguardanti quell'epoca erano strappate.

La casa iniziò a esercitare un'influenza su di lei. I suoi sogni erano popolati da volti sconosciuti, da risate e pianti che sembravano provenire da lontano. Una notte, sognò Adele, che la guardava con occhi pieni di tristezza.

"Non lasciare che i nostri errori ti definiscano," disse Adele nel sogno. "Tu sei libera di scegliere."

Al risveglio, Lucrezia si rese conto che stava permettendo al passato di imprigionarla. Era tempo di fare pace con ciò che era stato e decidere cosa fare della sua eredità.

Dopo settimane di esplorazioni, Lucrezia prese una decisione. Avrebbe restaurato la casa, non per cancellare il passato, ma per onorarlo. Ogni stanza avrebbe raccontato una storia, ogni oggetto avrebbe trovato il suo posto.

Quando l'ultima stanza fu pronta, aprì le finestre per lasciare entrare l'aria fresca. Il fiume, che aveva visto così tante vite scorrere, brillava sotto la luce del sole.

Lucrezia si sedette sulla veranda con il diario di Adele in mano. "Non sono loro prigioniera," pensò. "Sono il loro futuro."

Ora, la casa non era più solo un luogo di ricordi, ma un punto di partenza. E il fiume, con il suo incessante scorrere, sembrava portare via ogni rimpianto, lasciando dietro di sé solo la promessa di nuovi inizi.

The House on the River

When Lucrezia received the notary's letter, she was perplexed. She had never known her distant relatives very well, and yet now she found herself the heir to an old house, isolated along a river she only vaguely remembered. The letter said little: a bequest, an inheritance that was rightfully hers by bloodline.

Driven by curiosity and a sense of duty, Lucrezia set off toward the forgotten house, with a suitcase full of clothes and her heart full of questions.

The house appeared through the mist like a mirage. It was imposing, with dark stone walls covered in ivy and tall windows that seemed like tired eyes. The river flowed slowly beside the property, its gurgle echoing like an ancient whisper.

When Lucrezia opened the front door, the scent of old wood and dust overwhelmed her. Inside was a maze of dark rooms, narrow hallways, and richly decorated furniture. Every object seemed to carry the weight of untold stories.

In the library, she found a leather-bound diary, the name "Adele" engraved in golden letters. Adele, she discovered, was an ancestor who had lived there many years before.

Lucrezia spent her days reading the diary, its words vivid and vibrant, as if written just yesterday. Adele described the house as a place of refuge, but also of imprisonment. She spoke of a forbidden love with a man whom her social status had prevented her from marrying.

One evening, as she read by the fireplace, Lucrezia heard a noise: a faint creaking coming from the hallway. She followed the sound and discovered a secret door behind a bookshelf. Behind it, a staircase led to a hidden room.

The room was small, with raw wooden walls and a window that looked directly out onto the river. On a dusty table were letters and sketches of a man's face. It was Adele's lover.

As she dug deeper into the past, Lucrezia discovered that Adele wasn't the only one keeping secrets. The house had witnessed generations of love, betrayal, and loss. One night, while rummaging through a trunk, she found a necklace with a medallion. Inside was a portrait of a child, and on the back, the inscription: "For our lost son."

The words hit her like a punch. Who was that child? Why had he been forgotten? Lucrezia searched for clues in the diary, but the pages concerning that time were torn.

The house began to exert an influence over her. Her dreams were filled with unfamiliar faces, with laughter and crying that seemed to come from far away. One night, she dreamed of Adele, who looked at her with eyes full of sorrow.

"Don't let our mistakes define you," Adele said in the dream. "You are free to choose."

Upon waking, Lucrezia realized that she had been allowing the past to imprison her. It was time to make peace with what had been and decide what to do with her inheritance.

After weeks of exploration, Lucrezia made a decision. She would restore the house, not to erase the past, but to honor it. Every room would tell a story, every object would find its place.

When the last room was ready, she opened the windows to let the fresh air in. The river, which had seen so many lives flow by, shimmered under the sunlight.

Lucrezia sat on the veranda with Adele's diary in her hands. "I am not their prisoner," she thought. "I am their future."

Now, the house was no longer just a place of memories, but a starting point. And the river, with its constant flow, seemed to carry away every regret, leaving only the promise of new beginnings.

Il Teatro Perduto

Le luci fioche delle lampade stradali illuminavano appena i ciottoli irregolari del quartiere teatrale. Una volta, quelle strade pullulavano di vita: attori, musicisti, spettatori eleganti in attesa di una serata memorabile. Ora, il silenzio regnava, interrotto solo dal rumore dei passi di Stefano.

Con un cappotto liso e un fascio di pagine sotto il braccio, Stefano avanzava deciso verso il Teatro Aurora, un tempo fulgido centro culturale, ora solo un guscio vuoto. Le locandine strappate sulle pareti sembravano spettatori muti del suo fallimento.

Stefano era un drammaturgo. Non un grande nome, non ancora, ma qualcuno che aveva qualcosa da dire. La guerra aveva lasciato cicatrici non solo nei corpi, ma anche nelle anime, e Stefano voleva esplorarle nella sua nuova opera, "Tradimenti e Trionfi".

Il dramma era un riflesso della società italiana post-bellica: promesse infrante, ambizioni sfrenate e un senso di perdita collettiva. Il protagonista, un giovane idealista, affrontava la corruzione politica e i compromessi morali che lo allontanavano dai suoi sogni.

Ma trovare un teatro disposto a produrre un'opera così politicamente carica era quasi impossibile. "Troppo rischioso," dicevano i direttori. "Il pubblico vuole intrattenimento, non riflessioni."

Stefano aveva trovato una speranza nel Teatro Aurora. Lì, il vecchio impresario, Gianni Moretti, aveva accettato di leggere il copione. Stefano aspettava con ansia un incontro fissato per il giorno seguente.

Quella sera, tornò nel suo modesto appartamento. I muri sottili non riuscivano a fermare le voci dei vicini che discutevano, cantavano, o piangevano. Stefano si sedette alla scrivania e lesse alcune pagine del suo lavoro. Ogni frase sembrava pesante, ogni dialogo improvvisamente insipido.

Con un sospiro, si alzò e guardò fuori dalla finestra. Le luci della città brillavano come promesse lontane, irraggiungibili.

La mattina seguente, Stefano si presentò al Teatro Aurora. L'interno era freddo e polveroso, i velluti delle poltrone scoloriti dal tempo. Moretti lo accolse con un sorriso stanco, un uomo che portava il peso di troppe delusioni.

"Ho letto il tuo copione," disse Moretti. "È... interessante. Ma è difficile."

"Difficile come?" chiese Stefano, sentendo crescere la tensione.

"Il pubblico non vuole sentirsi in colpa. Vuole dimenticare."

Stefano si sforzò di mantenere la calma. "Ma non possiamo ignorare ciò che siamo diventati. La guerra ci ha cambiati. La mia opera parla di noi."

Moretti lo guardò a lungo. "Forse è proprio questo il problema, Stefano. Parla troppo di noi."

Frustrato e senza prospettive, Stefano tornò a casa. La sua compagna, Elena, lo aspettava. Anche lei era un'artista, una pittrice, ma le sue opere non avevano mai trovato un vero riconoscimento.

"Cosa ti aspettavi?" disse Elena, dopo aver ascoltato il racconto di Stefano. "La gente non vuole cambiare. Vuole sopravvivere."

"E tu? Sei contenta di sopravvivere?" replicò Stefano con amarezza.

Elena non rispose. Il silenzio che seguì era carico di accuse non dette, di sogni condivisi che si erano scontrati con la realtà.

Le settimane successive furono un turbine di sconforto. Stefano vagava per la città, osservando le vite degli altri: i venditori nei mercati, i bambini che giocavano, i lavoratori che si affrettavano verso casa. Si chiedeva se la sua opera avesse un senso in un mondo così complesso.

Una sera, tornò al Teatro Aurora. Trovò la porta aperta e si avventurò all'interno. Sul palco, al centro, immaginò il suo protagonista, giovane e idealista, lottare contro un sistema che lo divorava.

Per la prima volta, Stefano si rese conto che la sua opera non era solo un riflesso della società, ma anche di se stesso: le sue ambizioni, le sue paure, i suoi tradimenti.

Il giorno dopo, Stefano tornò da Moretti.

"Facciamolo," disse, con una determinazione nuova. "Non m'importa se il pubblico non è pronto. Io lo sono."

Moretti lo guardò con un misto di sorpresa e ammirazione. "Sei sicuro?"

"Sì. Se fallisco, fallirò in piedi."

L'opera andò in scena in una fredda sera d'inverno. Il pubblico era piccolo, ma attento. Quando cadde il sipario, ci fu un momento di silenzio, seguito da un applauso sincero, quasi commosso.

Stefano sapeva che non sarebbe diventato famoso da un giorno all'altro, ma aveva trovato qualcosa di più importante: la sua voce, il coraggio di usarla, e una nuova strada da percorrere.

E mentre usciva dal teatro, il quartiere, con le sue luci fioche e i suoi muri scrostati, gli sembrò meno solitario. Perché anche lì, in quelle ombre, c'era vita.

The Lost Theater

The dim glow of street lamps barely illuminated the uneven cobblestones of the theater district. Once, these streets teemed with life: actors, musicians, and elegant spectators awaiting an unforgettable evening. Now, silence reigned, broken only by the sound of Stefano's footsteps.

Wearing a worn coat and clutching a bundle of pages under his arm, Stefano walked resolutely toward the Teatro Aurora, once a vibrant cultural hub, now a hollow shell. Torn posters on the walls seemed like mute spectators of his failure.

Stefano was a playwright. Not a renowned one—not yet—but someone with something to say. The war had left scars not just on bodies but on souls, and Stefano wanted to explore them in his new play, "Betrayals and Triumphs."

The drama was a reflection of post-war Italian society: broken promises, unchecked ambition, and a collective sense of loss. Its protagonist, a young idealist, grappled with political corruption and moral compromises that drew him further from his dreams.

But finding a theater willing to produce such a politically charged piece was almost impossible. "Too risky," the directors said. "The audience wants entertainment, not introspection."

Stefano found a glimmer of hope at the Teatro Aurora. There, the aging impresario, Gianni Moretti, had agreed to read the script. Stefano waited anxiously for the meeting set for the following day.

That evening, he returned to his modest apartment. The thin walls couldn't block the sounds of neighbors arguing, singing, or crying. Stefano sat at his desk and read a few pages of his work. Every sentence felt heavy, every line of dialogue suddenly lackluster.

With a sigh, he stood and gazed out the window. The city lights shimmered like distant, unreachable promises.

The next morning, Stefano arrived at the Teatro Aurora. The interior was cold and dusty, the velvet seats faded with time. Moretti greeted him with a tired smile, a man weighed down by too many disappointments.

"I've read your script," Moretti said. "It's... interesting. But it's difficult."

"Difficult how?" Stefano asked, feeling his tension rise.

"The audience doesn't want to feel guilty. They want to forget."

Stefano struggled to keep his composure. "But we can't ignore what we've become. The war changed us. My play is about us."

Moretti looked at him for a long moment. "Maybe that's the problem, Stefano. It's too much about us."

Frustrated and with no prospects, Stefano returned home. His partner, Elena, was waiting for him. She was an artist too, a painter, but her works had never found real recognition.

"What did you expect?" Elena said after listening to Stefano's account. "People don't want change. They want to survive."

"And you? Are you happy just surviving?" Stefano retorted bitterly.

Elena didn't respond. The silence that followed was heavy with unspoken accusations, shared dreams shattered against the harshness of reality.

The weeks that followed were a whirlwind of despair. Stefano wandered the city, observing the lives of others: market vendors, children playing, workers hurrying home. He wondered if his play had any meaning in such a complicated world.

One evening, he returned to the Teatro Aurora. He found the door ajar and ventured inside. Standing on the stage, he imagined his protagonist—young and idealistic—fighting against a system that consumed him.

For the first time, Stefano realized his play wasn't just a reflection of society but of himself: his ambitions, his fears, his betrayals.

The next day, Stefano returned to Moretti.

"Let's do it," he said with newfound determination. "I don't care if the audience isn't ready. I am."

Moretti looked at him with a mix of surprise and admiration. "Are you sure?"

"Yes. If I fail, I'll fail standing tall."

The play premiered on a cold winter evening. The audience was small but attentive. When the curtain fell, there was a moment of silence, followed by sincere, almost heartfelt applause.

Stefano knew he wouldn't become famous overnight, but he had found something more important: his voice, the courage to use it, and a new path to follow.

As he stepped out of the theater, the district, with its dim lights and peeling walls, seemed less lonely. Because even there, in those shadows, life persisted.